글쓴이 김황용

서울대학교 농생물학과를 졸업하고 곤충학으로 박사학위를 받았습니다. 지금은 농촌진흥청에서 '벌레'와 관련된 연구 활동을 하고 있습니다. 쓴 책으로는 『잠자리채는 집에 놔둬!』가 있습니다.

그린이 소복이

어린이 잡지 『고래가 그랬어』에 〈우리 집은 너무 커〉를 연재하고 있습니다. 작품집으로는 『우주의 정신과 삶의 의미』, 『시간이 좀 걸리는 두 번째 비법』, 그린 책으로는 『한무영 교수가 들려주는 빗물의 비밀』, 『불량 아빠 만세』 등이 있습니다.

김황용 박사가 들려주는 **벌레의 비밀**

1판 1쇄 발행 2011년 3월 18일
1판 3쇄 발행 2012년 11월 1일

글 김황용 | **그림** 소복이
펴낸이 안성호 | **편집** 봉하연 | **디자인** 박은숙
펴낸곳 리젬 | **출판등록** 2005년 8월 9일 제 313-2005-00176호
주소 121-821 서울시 마포구 동교로9길 9 102호
대표전화 02-719-6868 | **편집부** 070-4616-6199 | **팩스** 02-719-6262
홈페이지 www.ligem.net
전자우편 iezzb@hanmail.net
ISBN 978-89-92826-48-8
값 11,800원

이 도서의 국립중앙도서관 출판시도서목록(CIP)은 e-CIP 홈페이지(http://www.nl.go.kr/ecip)에서 이용하실 수 있습니다. (CIP제어번호: CIP2011001162)

이 책의 글과 그림 일부 또는 전부를 재사용하려면 반드시 저작권자와 도서출판 리젬 양측의 동의를 얻어야 합니다.

김황웅 박사가 들려주는
벌레의 비밀

김황용 박사가 들려주는
별레의 비밀

글 _ 김황용 그림 _ 소복이

리젬

머리말

    세상에는 정말 많은 벌레들이 있습니다. 우리나라에 살고 있는 벌레 이름만 모아도 두툼한 책 한 권을 만들 수 있지요. 그런 '벌레 이야기'를 혼자서 풀어가는 것은 여간 부담스러운 일이 아닙니다. 어떤 글감으로 어떻게 이야기를 엮는가에 따라, 같은 '벌레 이야기'에 전혀 다른 생각을 담을 수 있기 때문이지요.

    그래서 오랜 고민 끝에 제가 준비한 이야기는 '인간이 벌레를 어떻게 다루어야 할 것인가?'라는 간단한 질문에서부터 출발합니다. 그럭저럭 20여 년간 해충학을 배우면서 벌레를 연구하는 동안 항상 머릿속을 맴돌던 질문이지요.

    가난한 나라에서는 지금도 수많은 사람들이 벌레 때문에 건강과 생명을 잃고 있으며, 벌레로 인한 굶주림과 영양실조 속에서 근근이 목숨을 이어가고 있지요. 부유한 나라의 농민들조차 농약에 의존하지 않고서는 애써 키운 농작물과 가축을 지키기 버거운 것이 현실이랍니다.

    이미 인류는 그런 모든 벌레를 단숨에 제압할 수 있을 만큼 강력한 '살충제'를 보유하고 있지만, 위력이 큰 무기를 함부로 사용하면 부작용 또한 만만치 않다는 것을 경험으로 잘 알고

있습니다. 그래서 대수롭지 않은 피해는 참고 넘어가기도 하고, 천적을 비롯한 자연의 힘을 빌려 해충 문제를 해결해 보기도 한답니다.

　아무리 보잘것없이 보이더라도, 벌레는 인간과 함께 오랜 세월을 더불어 살아온 소중한 친구랍니다. 건전한 생태계를 유지하려면, 벌레들이 나름대로 제 역할을 해주어야 하지요. 만약 세상의 모든 벌레가 사라져 버린다면, 인류가 지금처럼 풍요롭게 살아갈 수 있을까요? 아마도 지구는 인류에게 더 이상 안전한 삶의 터전이 되지 못할 것입니다.

　이제 여러분은 잠깐만 바쁜 발걸음을 멈추고, 벌레들의 작은 세계로 들어오시기 바랍니다. 좀 더 가까이 다가서서, 조금만 더 오래 머물러 보십시오. 그러면 누구든지 벌레의 신비로운 비밀을 깨닫게 된답니다. 놀랍게도 그들 또한 우리처럼 살아있는 생명이랍니다.

　길 잃은 지렁이를 안전한 풀밭까지 보듬어 옮겨주어야 마음을 놓는 큰딸 연수와 풀잎이 행복하게 속삭이는 소리를 듣고 싶어 하는 막내딸 연아, 그리고 작은 벌레도 소중히 여길 줄 아는 어린이 여러분에게 이 책이 작은 선물이 되기를 바랍니다.

2011년 3월, 김황용

머리말 · 4

1장 고마운 벌레

이리 봐도 벌레, 저리 봐도 벌레 · 10

우리 곁에서 벌레가 사라지고 있어요 · 14

흙을 빚는 지렁이, 숲을 가꾸는 톡토기 · 16

쓰레기는 우리에게 맡기세요 · 20

벌레들아, 나를 좀 도와줘! · 22

열매를 맺도록 도와주어요 · 24

꿀벌과 누에는 인류의 오랜 친구지요 · 28

2장 무서운 벌레

가끔은 벌레가 전쟁보다 무섭답니다 · 32

모기를 얕보지 마세요 · 34

앗, 메뚜기 떼다! · 36

채소에 구멍이 뚫렸어요 · 40

몰래 숨어서 피해를 주다니! · 42

DDT가 노벨상을 받았어요 · 44

농약은 위험한 물질이에요 · 48
식물로부터 얻은 천연 살충제 · 50
페로몬과 호르몬 · 52

3장 우리와 함께 사는 벌레

쥐불을 놓아 해충을 잡아요 · 56
그 많던 송충이는 어디로 사라졌을까요? · 58
무당벌레는 진딧물을 먹고 살아요 · 62
살아 있는 논에는 해충이 없어요 · 64
때론 사람이 해충을 만들지요 · 68
공장에서 생산되는 천적도 있답니다 · 70
딸기밭에 왜 보리를 심을까요? · 72
들꽃을 보살펴 해충을 막아요 · 74

못다한 이야기 · 76
찾아보기 · 78

1장   고마운 벌레

숲을 청소하고 거름을 주는 건 우리 몫이지만

사람들도 도와주면 좋겠어.

이리 봐도 벌레, 저리 봐도 벌레

    우리 주위를 둘러보면 어디서나 쉽게 벌레를 만날 수 있어요. 보슬비가 촉촉이 내리는 길가에서 달팽이와 함께 걸을 수도 있고, 햇살 아래 너울거리는 나비를 따라 뛰어다닐 수도 있지요.

    풀숲 가까이에 과자라도 한 조각 떨어뜨리면 까만 개미 떼가 몰려들고, 무더운 여름철 창문을 열어두면 어느새 초파리가 과일 냄새를 맡고 찾아온답니다.

맑은 개울에서 작은 돌을 한번 들어 올려 보세요. 잔뜩 겁에 질려, 돌에 붙어 납작하게 엎드린 벌레들이 있답니다. 거무튀튀하고 물컹물컹한 것이 플라나리아인데, 몸을 반으로 가르면 두 마리로 자라는 신기한 벌레예요. 눈망울이 또렷하고 빠르게 기어 다니는 것은 하루살이 애벌레이지요. 조심스레 잡아서 두 손에 가두어 물속에 살짝 넣어 보세요. 나뭇잎처럼 넓은 아가미를 바쁘게 놀리며 가쁜 숨을 쉰답니다. 그렇게 항상 벌레는 우리 곁에서 함께 살아가고 있어요.

우리는 흔히 벌레를 작고 보잘것없는 것으로 생각하지만 벌레는 주변 환경에 잘 적응하며 살아가는 끈질긴 생명체랍니다.

빛 한 줄기 들어오지 않는 컴컴한 동굴의 구석진 곳을 찾아가면 귀뚜라미처럼 생긴 벌레를 만날 수 있어요. 등이 유난히 구부러져 '꼽등이'라고 부르는 벌레인데, 긴 더듬이로 축축한 동굴 벽을 더듬거리며 살지요. 날개가 없기 때문에 울음소리도 만들 수 없답니다.

물 한 방울 없는 사막에서 하루 종일 뜨거운 햇볕을 견디며 살아가는 벌레도 있어요. 아프리카 나미브 사막의 '거저리'는 제 몸에 맺힌 이슬을 받아 물방울을 만들어 먹는 것으로 유명하지요.

깊은 바닷속, 마그마가 데워 준 뜨거운 물이 뿜어져 나오는 곳에서

도 벌레가 살아요. 2m에 이르는 거대한 '관벌레'들이 독성 물질인 황화수소로부터 오히려 에너지를 얻으며 살아간답니다. 차디찬 남극 바다가 생명으로 가득할 수 있는 것도 해양 동물의 먹이가 되는 크릴새우가 있기 때문이지요.

인류가 알고 있는 동물의 종류는 150만 종 정도 된다고 해요. 그 대부분은 벌레인데, 곤충만 해도 100만 종에 이르지요. 하루에 하나씩 이름을 외우면, 다 외우는 데 무려 3천 년이나 걸린답니다.

그런데 열대지방에 대한 조사가 제대로 이루어지면, 수천만 종류의 벌레를 새로 발견할 수 있다고 해요. 남미 페루의 한 열대우림에서는 나무 한 그루에서만 43종의 개미를 찾아낸 적이 있답니다.

초충도 이야기

우리나라의 5천 원권 지폐에는 나비와 여치가 그려져 있어요. 신사임당의 초충도(草蟲圖 : 풀과 벌레를 그린 그림)에서 따온 그림이지요. 조선 제일의 여류 화가였던 신사임당은 나비와 여치는 물론 벌, 매미, 잠자리, 개미, 사마귀, 소똥구리, 방아깨비 등 다양한 벌레를 그렸어요. 사실적이면서도 간결하게 표현하는 세련된 솜씨가 일품이지요.

우리 곁에서 벌레가 사라지고 있어요

　벌레를 비롯한 수많은 생물들이 빠르게 사라지고 있어요. 매년 2만 6천 종 정도가 멸종한다는 연구 결과가 있답니다. 20분마다 한 종씩 우리 곁에서 영원히 사라져 가는 셈이지요. 그런데 왜 그렇게 많은 생물들이 멸종을 하는 것일까요?

　지구가 따뜻해져 빙하가 녹으면서 사냥터를 잃은 북극곰들이 굶주려 죽어가고 있어요. 아프리카 콩고의 비룽가 국립공원에서는 한때 3만 마리에 이르던 하마가 이제 천 마리도 남지 않았는데, 하마의 앞니에서 상아를 얻기 위한 밀렵 때문이랍니다. 대나무를 주로 먹고 사는 판다는 대숲이 줄어들면서 살 곳을 잃어가고 있고, 지나친 개발로 강물이 오염되면서 중국 양쯔강에서는 더 이상 민물 돌고래를 볼 수 없게 되었지요.

　국제사회는 멸종 위기의 동물들을 위해 다양한 노력을 하고 있어요. 유엔(UN)은 지난 1973년에 멸종 위기에 처한 동식물을 국제적으로 사고팔지 못하도록 협약을 맺었어요. 그리고 2010년을 '국제 생물다양성의 해'로 정했지요. 국제자연보호동맹(IUCN)은 멸종 위험이 높은 동식물을 선정해서 책을 만들고 있는데, 표지가 붉은색이어서 '레드(Red) 데이터 북'이라고 부른답니다.

우리나라도 멸종 위기의 동식물을 천연기념물 또는 보호종으로 지정해서 관리하고 있어요. 벌레 또한 예외가 아니지요. 장수하늘소와 비단벌레를 비롯해서, 무주의 반딧불이 서식처도 천연기념물로서 보호받고 있어요. 그리고 상제나비, 산굴뚝나비, 두점박이사슴벌레, 수염풍뎅이를 비롯한 다양한 곤충들이 환경부, 산림청, 서울시 등의 보호종으로 지정되어 있답니다. 벌레들 몇몇 종류가 사라진다고 해서 당장 우리 삶에 큰 변화가 오는 것은 아니에요. 하지만 가랑비도 오래 맞으면 옷이 흠뻑 젖듯이, 조금씩 자연의 균형이 무너지면 지구 생태계에 어떤 일이 일어날지 모른답니다. 아마도 인류에게는 큰 재앙이 되겠지요.

벌레는 다음 세상에도 성공적으로 살아남을 거예요. 수많은 생물들이 멸종하며 고생대*가 막을 내리는 순간에도 지렁이는 살아남았어요. 공룡이 쓰러져 사라지는 것을 묵묵히 지켜본 잠자리도 여전히 그때처럼 우리 주변을 날아다니고 있답니다.

★ **고생대**
지질 시대의 구분에서 원생대와 중생대 사이의 시기입니다. 지금으로부터 약 5억 7000만 년 전부터 2억 4000만 년 전까지를 뜻합니다.

흙을 빚는 지렁이, 숲을 가꾸는 톡토기

우리 조상들은 농사를 짓기 전에 쟁기를 이용해서 논밭을 곱게 갈았어요. 땅이 딱딱하면 작물이 잘 자라지 않기 때문이지요. 그런데 사람 대신 땅을 부드럽게 갈아 주는 벌레가 있어요. 바로 지렁이랍니다.

지렁이는 흙을 삼켜 흙 속에 있는 유기물질을 흡수해요. 하지만 삼킨 흙은 대부분 동글동글한 똥으로 배출하지요. 지렁이 똥은 유기물 뿐만 아니라 칼륨, 칼슘, 마그네슘 등 무기물이 풍부해서 천연비료의 역할을 톡톡히 한답니다.

지렁이가 많은 곳에서는 흙이 떼알구조를 하고 있어요. 떼알구조란 흙 알갱이가 작은 덩어리로 뭉치는 현상이지요. 이런 흙에는 아주 작은 틈과 커다란 틈이 적당히 뒤섞여 있어요. 작은 틈은 식물이 흡수할 물기를 머금고, 커다란 틈은 공기가 드나드는 통로를 마련하여 식물 뿌리가 숨 쉬기 편하게 해 주어요.

건강한 숲에는 낙엽을 즐겨 먹는 벌레가 많아요. 낙엽 아래의 흙을 살짝 걷어 보면 톡톡 튀어 오르는 벌레가 보일 거예요. 이 벌레가 낙엽 더미 속에서 유기물을 먹고 사는 톡토기랍니다. 배 아래쪽으로 긴 꼬리를 접고 있다가 급하면 바닥을 내리치며 높이 튀어 오르지요.

낙엽에는 잘 분해되지 않는 성분들이 많기 때문에 벌레가 잘게 부수어주지 않으면 금세 산더미처럼 쌓일 거예요.

★ 유기물
생물의 몸을 이루며 생물의 몸 안에서 생명력에 의해서 만들어지는 물질을 뜻합니다.

★ 무기물
생명을 지니지 않은 물질을 뜻합니다. 물, 흙, 공기, 돌, 광물 등이 있습니다.

만일 낙엽이 물속에 가득 차면 어떤 일이 일어날까요? 물은 흐르지 않고 차츰 썩어 간답니다. 그러면 물속의 산소가 부족해서 물고기들이 제대로 숨을 쉴 수가 없겠지요.

하지만 낙엽이 물속에 떨어지면,

썩기 전에 재빨리 날도래가 달려든답니다. 날도래는 낙엽은 물론이고 죽은 물고기들까지 깔끔하게 먹어 치워서 냇물을 깨끗하게 만들지요.

오래된 나무에 하늘소가 찾아와 알을 낳으면 애벌레가 줄기를 파고들어 먹고 살지요. 애벌레가 점점 많아지면 아무리 커다란 나무도 견디지 못하고 쓰러진답니다.

힘없는 나무를 괴롭히는 못된 벌레 같지만 숲의 입장에서 볼 때, 꼭 그런 것만은 아니에요. 빽빽한 숲에 빈 공간이 생기면 밝은 곳을 좋아하는 생물이 찾아들고, 바로 그 자리에 새로운 나무가 뿌리를 내려 다시 커다란 나무로 자란답니다. 그렇게 건강한 숲이 유지되지요.

벌레들은 숲을 청소하는 훌륭한 청소부야.

날도래 이야기

날도래 애벌레는 시냇물이나 호수, 강바닥에 주로 살면서, 자갈이나 나뭇조각을 모아 집을 만들어요. 그런 다음 집을 짊어진 채로 기어 다니는데, 날도래의 집은 매우 질겨서 잘 찢어지지 않지요. 그래서 색을 칠하고 잘 꾸미면, 제법 예쁘고 튼튼한 '곤충보석'이 된답니다. 만일 날도래에게 마음에 드는 보석 조각을 모아 집을 만들게 하면 어떤 모양이 될지 궁금해요.

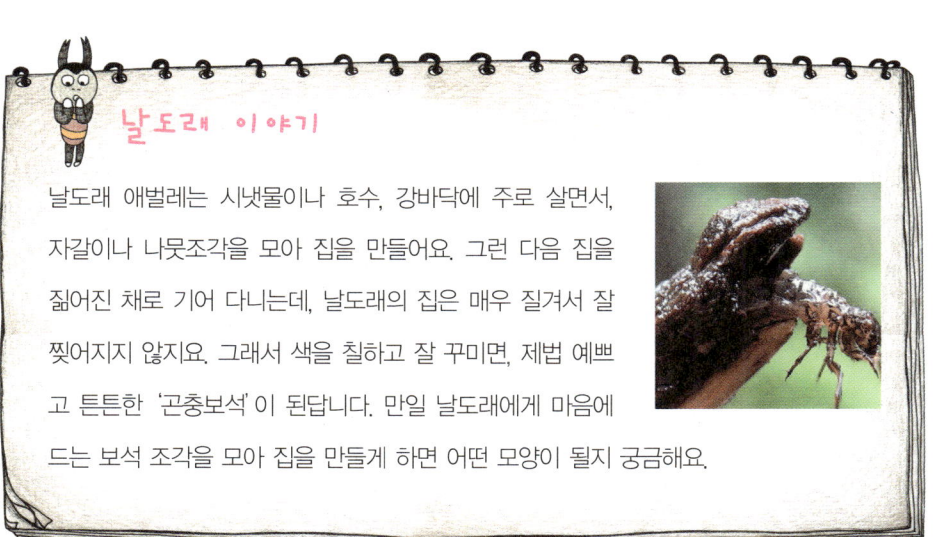

쓰레기는 우리에게 맡기세요

날마다 엄청난 양의 쓰레기가 쏟아지는데도 큰 도시가 깨끗하게 유지되는 이유는 무엇일까요? 바로 환경미화원 여러분들 덕분이지요. 며칠만 청소차가 다니지 않아도 도시 곳곳은 쓰레기로 넘쳐날 거예요. 지나가는 사람들은 고약한 냄새에 코를 감싸 쥐겠지요.

아프리카의 초원에도 아주 특별한 환경미화원이 필요하답니다. 초원에서 동물이 목숨을 잃으면 독수리나 하이에나가 나타나 말끔히 먹어 치우지요. 그리고 동물들이 내뿜는 엄청난 양의 똥은 벌레들의 차지가 됩니다.

소똥구리나 똥풍뎅이가 똥을 굴려 모아 알을 낳으면 애벌레는 그 안에서 마음껏 똥을 먹으며 무럭무럭 자라나요. 소나 말이 길거리를 돌아다니던 옛날에는 우리나라에서도 소똥구리를 흔하게 볼 수 있었어요.

그런데 똥이 무조건 좋은 거름이 되는 것은 아니에요. 오히려 농사에 잘못 이용하면 유해가스가 발생하고 병해충이 늘어나서 큰 피해를 입을 수도 있지요.

제대로 된 거름을 만들려면 짚이나 낙엽, 잡초 등을 모은 다음 똥을 잘 버무리고 기다려야 해요. 벌레와 미생물의 도움으로 만들어진 좋은 거름은 질퍽거리지도 않고 지독한 냄새가 나지도 않는답니다.

벌레 중에는 음식물 쓰레기를 말끔하게 치워주는 것도 있어요. 음식물 쓰레기통 속에 파리의 일종인 '동애등에' 애벌레를 넣어주면, 상하거나 먹다 남은 음식을 깔끔하게 먹어 치운답니다. 동애등에는 집파리와 달리 사람을 성가시게 하지도 않고 생김새가 제법 세련돼요. 그래서 생활에 직접 활용할 가능성이 높답니다.

소똥구리

동애등에

똥풍뎅이

벌레들아, 나를 좀 도와줘!

동물은 마음에 드는 짝을 찾아 서로 돌아다닐 수 있지만 움직일 수 없는 식물은 어떻게 씨를 맺을까요?

물에서 사는 식물은 꽃가루를 물에 흘려보내고, 풀꽃들은 바람에 날려 보낸답니다. 하지만 식물의 80% 정도는 곤충을 비롯한 작은 동물의 도움을 받아야만 꽃가루를 옮길 수 있어요. 벌레가 사라지면, 그 벌레와 더불어 살아가던 식물도 함께 사라져 버리지요. 우리가 아름다운 꽃을 감상할 수 있는 것도 결국은 벌레 덕분이랍니다.

식물은 꽃가루받이 동물의 취향에 따라 꽃을 피워요. 온대지방의 꽃은 나비나 벌이 좋아하는 은은한 색이 많고, 열대지방의 꽃은 새가 좋아하는 붉고 화려한 색이 많지요. 나방이나 박쥐가 꽃가루를 옮기는 꽃은 향기가 아주 강하지만 새가 옮기는 꽃은 향기가 거의 없어요. 세계에서 제일 큰 꽃 라플레시아는 고기 썩는 냄새를 풍겨서 파리를 유인하고, 아주 작은 꽃을 가진 산수국은 큼직한 가짜 꽃을 이용해서 곤충에게 위치를 알리지요.

벌레가 꽃을 찾아오는 이유는 주로 꿀과 꽃가루를 얻기 위해서랍니다. 꿀

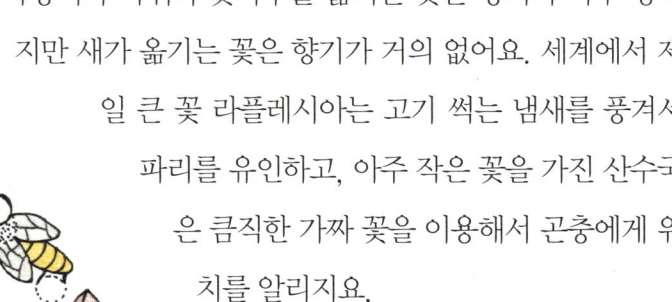

은 조금만 먹어도 한꺼번에 많은 에너지를 얻을 수 있는 좋은 먹이가 되지요. 그리고 꽃가루에는 탄수화물, 지방, 아미노산, 비타민 등의 영양소가 골고루 들어 있기 때문에, 특히 애벌레를 키우는 데 알맞답니다. 꽃과 꽃 사이를 바쁘게 돌아다니는 꿀벌의 뒷다리를 살펴보면 동글동글한 덩어리가 붙어 있는데, 꽃가루를 집으로 가져가기 편하게 꿀에 버무려서 뭉쳐 놓은 것이랍니다.

그런데 꽃과 벌레가 언제나 사이가 좋은 것은 아니에요. 몸집이 너무 커서 꽃 속으로 들어가기 힘든 어리호박벌은 꽃잎을 찢어서 꿀만 쏙 빼어 먹어요. 긴 주둥이를 내밀어 꿀만 훔쳐 먹고 꽃가루는 옮기지 않는 얄미운 벌레도 많지요.

그래서 어떤 꽃은 기다란 꿀주머니를 만들어서, 벌레가 꽃 속으로 직접 들어오지 않으면 꿀을 먹지 못하게 한답니다. 아프리카 마다가스카르의 풍란 중에는 꿀주머니가 30cm에 이르는 것도 있다고 해요. 하지만 더욱 놀라운 것은 그런 풍란에서 꿀을 훔쳐 먹을 수 있을 만큼 아주 긴 주둥이를 가진 박각시나방이 마다가스카르 섬에 함께 살고 있답니다.

오프리스 난초들은 오히려 벌레를 감쪽같이 속여서 꽃가루를 옮긴답니다. 꽃의 생김새가 벌의 암컷을 꼭 닮았는데, 색은 물론이고 털까지 비슷하게 나 있어요. 게다가 수컷을 유인하는 페로몬까지 흉내를 내서 내뿜는답니다. 꽃을 암컷으로 착각한 수벌은 짝짓기를 하려다가 그만 꽃가루만 옮기고 말지요.

열매를 맺도록 도와주어요

일단 씨를 맺으면, 식물은 씨앗을 퍼뜨리기 위해 최선을 다해요. 갓털을 활짝 편 민들레 씨앗은 산들바람에도 쉽게 떠오르고, 튼튼한 날개가 있는 단풍나무 씨앗은 바람을 타고 빙글빙글 돌아다니지요. 물봉선은 꼬투리가 터지는 압력으로 씨앗을 있는 힘껏 밀어내고, 도꼬마리나 도깨비바늘의 씨앗은 동물의 몸에 붙어서 멀리까지 이동한답니다.

하지만 식물이 가장 좋아하는 방법은 열매를 이용하는 거예요. 열매는 동물

의 맛있는 먹이가 되지만, 열매 속의 씨앗은 소화가 잘 되지 않아요. 그래서 배 속에서 편안하게 멀리까지 이동할 수 있지요. 동물들이 좋아하는 맛있는 열매를 맺을수록 씨앗을 멀리까지 퍼뜨릴 수 있는 거랍니다.

    과수원이나 온실에서는 꽃가루를 옮기기 위해 꿀벌을 일부러 넣어 주기도 해요. 꿀벌이 꽃가루를 옮겨주면 과일이 훨씬 맛있고 예쁘게 된답니다. 특히 수박이나 참외는 꿀벌의 도움을 받지 않으면 열매를 잘 맺지 못해요. 꿀벌이 없다

면 사람이 일일이 손으로 꽃가루를 옮기거나 생장조절물질을 처리해야 하지요.

꽃벌   머리뿔가위벌

사과밭에서는 꿀벌 대신 머리뿔가위벌을 이용해서 꽃가루를 옮겨 주어요. 과수원 한쪽에 기다란 대롱을 다발로 달아 두면, 머리뿔 가위벌이 대롱 안에다가 일정한 크기의 방을 만들어 꽃가루를 채우고 진흙 벽으로 막는 일을 반복하지요. 그런 다음 꽃가루가 가득 찬 방마다 알을 낳아 둔답니다. 꿀벌은 멀리까지 마음에 드는 꽃을 찾아다니지만, 가위벌은 가까운 곳에 있는 꽃을 먼저 찾지요. 그래서 원하는 대로 꽃가루받이를 할 수 있어요.

무화과는 꽃이 바깥으로 드러나지 않아서 번식을 하려면 특별한 벌레의 도움을 받아야 해요.

무화과좀벌

무화과 열매는 꽃받침이 변형된 일종의 헛열매인데, 그 안쪽으로 꽃이 피지요. 그래서 무화과좀벌이라는 아주 작은 벌레가 열매의 좁은 틈을 비집고 들어가서 꽃가루를 옮겨 주어야 씨앗을 맺을 수 있어요. 대신 무화과좀벌은 무화과 꽃에 알을 낳아 안전하게 애벌레를 키울 수 있답니다.

하지만 오이밭에는 꽃가루받이 벌레를 일부러 넣어 줄 필요가 없답니다. 왜 그럴까요? 씨가 잘 맺힌 오이는 먹기가 좋지 않거든요.

호랑나비 이야기

알에서 갓 깨어난 호랑나비 애벌레는 꼭 새똥처럼 생겼어요. 벌레처럼 보이지 않기 위해서 위장을 한 것이지요. 하지만 조금 더 자라면 화려한 초록빛 애벌레가 된답니다. 이번에는 아주 큰 벌레처럼 보이기 위해 커다란 눈알 무늬를 갖고 있어요. 위험에 처하면 머리 앞쪽 돌기에서 악취를 풍기지요. 그런데 귤이나 유자 냄새와 비슷해서, 사람들에게는 악취가 오히려 상큼하게 느껴진답니다.

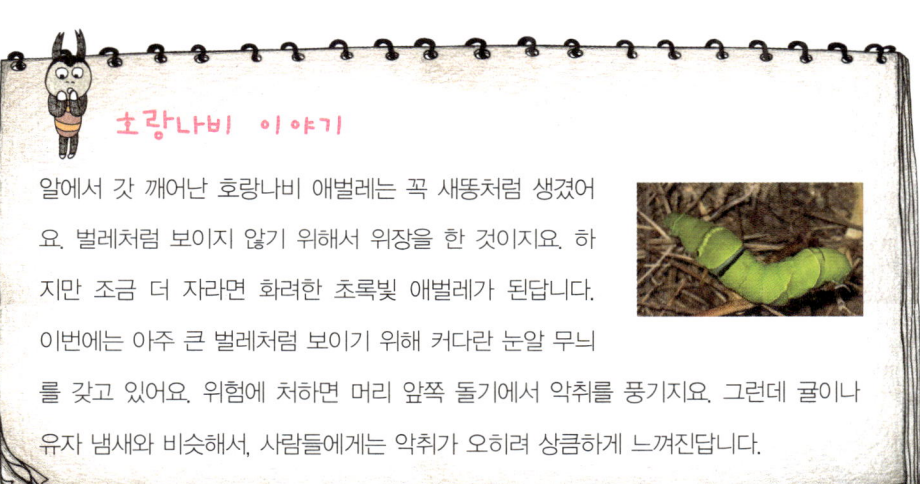

꿀벌과 누에는 인류의 오랜 친구지요

인류는 아주 오래전부터 꿀벌을 길들여 왔어요. 스페인 발렌시아의 동굴 벽화에는 꿀을 따는 모습이 그려져 있고, 이집트의 피라미드에서는 밀봉된 꿀이 발견되었지요. 고대 그리스의 크노소스 궁전에서는 벌을 칠 때 사용했던 다양한 유물들이 발견되었답니다.

꿀벌은 서로 의견을 나누며 한 곳에서 집중적으로 꿀을 따는 특징이 있어요.

그래서 사람들은 꿀벌을 길들이면서 마음에 드는 꿀을 종류별로 얻을 수 있게 되었답니다. 아까시나무 꽃에서 얻은 꿀은 부드럽고 달콤해서 우리나라 사람들이 특히 좋아하지요. 밤꽃에서 얻은 꿀은 단맛이 떨어지는 대신 깊은 색깔과 향기가 있어요. 그리고 싸리꽃에서 얻은 꿀은 시원한 곳에 두면 단단하게 굳기 때문에 긁어서 먹어야 한답니다.

꿀 이외에도 우리는 꿀벌로부터 많은 것을 얻고 있어요. 꿀벌이 애벌레를 키우기 위해 모으는 꽃가루와 로열젤리는 건강보조식품으로 인기가 많지요. 벌집의 밀랍 성분은 공업용으로 이용할 수 있고, 벌집에 바르려고 꿀벌이 모으는 프로폴리스는 예전부터 치통을 줄이는 민간 치료제로 사용했어요. 최근에는 벌침 속에 들어 있는 독성분을 이용해서 관절염치료제나 화장품을 만들고 있답니다.

누에나방도 오랜 세월을 인류와 함께 지내 왔어요. 누에는 실을 뿜어 고치를 만들고 그 안에서 번데기가 되는 벌레인데, 누에고치에서 뽑은 명주실로 옷감을 짜면 비단이 된답니다.

누에를 키워서 비단을 만드는 양잠기술은 고대 중국 황실에서 발전했어요. 중국 황실은 양잠기술을 비밀로 하고 누에가 외국으로 빠져나가는 것을 막았지만, 중국 문화의 보급과 더불어 우리나라를 비롯한 여러나라가 양잠기술을 익히게 되었답니다.

비단은 서양 사람들에게 아주 인기가 많아서 수출할 수 있었지요. 중국의 비단을 서양으로 운반하기 위해 '실크로드'라고 부르는 길이 개척되었는데, 이 길 덕분에 동서양은 아주 오랜 옛날부터 활발한 문화 교류를 할 수 있었답니다.

한편 누에의 실크 단백질은 우리 몸을 구성하는 콜라겐 성분과 비슷하기 때문에, 몸속에 넣어도 큰 부작용이 없어요. 그래서 실크 단백질을 이용해서 인공고막, 인공뼈, 인공뇌막을 만드는 연구가 활발하답니다.

2장 무서운 벌레

벌레는 우리들에게 꼭 필요하지만

나쁜 장난을 치기도 합니다.

가끔은 벌레가 전쟁보다 무섭답니다

사람과 벌레의 관계가 언제나 평화롭고 서로에게 도움이 된다면 얼마나 좋을까요? 하지만 많은 벌레들이 인류의 생명과 재산을 위협해 왔고, 사람들은 그에 대한 앙갚음을 해 왔답니다.

14세기 중반의 유럽은 죽음의 공포에 휩싸였어요. 많은 사람들이 높은 열을 내다가 피부가 검게 썩으며 죽어갔지요. 흑사병이라고도 부르는 페스트 때문이었어요. 페스트에 감염된 사람은 거의 대부분 사망해서, 1348년부터 1350년 사이에 유럽 인구가 절반 가까이 줄었답니다.

페스트는 '여시니아 페스티스'라는 세균이 일으키는데, 원래 쥐와 같은 설치류가 앓는 병이에요. 쥐벼룩이 페스트에 걸린 쥐의 피를 빨아 먹으면, 쥐벼룩도 역시 페스트에 걸리게 돼요. 그러면 위가 막혀 먹이를 제대로 흡수할 수 없게 되지요. 굶주린 쥐벼룩은 더욱 왕성하게 동물의 피를 빨아 먹는데, 이때 사람을 물면 사람 또한 페스트에 걸리게 되는 것이랍니다.

또, 전쟁이나 재난 등이 일어나면 발진티푸스라는 전염병이 뒤따른답니다. '이'가 '리케차'라는 병원균을 옮겨서 생기는 병이지요. 발진티푸스에 걸리면 높은 열이 나고 온몸에 작은 종기가 돋으며, 심하면 목숨을 잃게 돼요.

발진티푸스는 러시아를 공격한 나폴레옹의 막강한 60만 대군을 무릎 꿇게 했어요. 1차 세계대전 때 러시아, 폴란드, 루마니아 등을 중심으로 300만 명의 목숨을 빼앗아 간 것도 발진티푸스였지요. 당시 러시아 사회주의 혁명의 지도자였던 레닌은 발진티푸스를 막기 위해 '이'와의 싸움을 선포하기도 했답니다. 2차 세계대전 때에도 나치 수용소에 갇혔던 수많은 사람들이 발진티푸스로 사망했어요. 문학소녀 안네 프랑크도 발진티푸스로 숨을 거두었지요.

모기를 얕보지 마세요

벌레가 옮기는 질병은 지금도 여전히 위협적이지요. 특히 모기가 옮기는 말라리아가 그렇답니다.

말라리아는 '열원충'이라는 작은 원생동물*이 일으키는데, 모기가 피를 빠는 동안 옮게 된답니다. 열원충은 일단 간에서 증식을 한 다음 적혈구 속으로 들어가 번식을 해요. 그리고 주기적인 리듬에 따라 적혈구를 파괴하고 다른 적혈구를 공격하지요. 그때마다 환자의 체온이 40도가 넘도록 열이 오른답니다.

현재 전 세계에서 10억 명의 사람들이 말라리아의 위협에 시달리고 있어요. 그리고 매년 100~300만 명의 사람들이 말라리아로 목숨을 잃고 있지요. 안타깝게도 이들의 대부분은 사하라 이남의 아프리카에 사는 어린아이들이에요.

말라리아 피해를 줄이려면 모기를 없애는 것도 중요하지만 모기장을 쳐서 모기에 물리지 않도록 해야 돼요. 제대로 된 모기장만 있어도 말라리아로 인한 사망률을 20% 정도 줄일 수 있답니다. 말라리아는 예방주사가 없지만, 다행히 효과적인 치료제가 개발되어 있어요. 그래서 제때 치료하면 얼마든지 나을 수 있지요.

모기 이외에도 세상에는 무서운 벌레들이 많아요. 예를 들어 아프리카 중남부에 서식하는 체체파리는 사람이나 가축의 피를 빠는 동안 '트리파노소마'라

는 원생동물을 옮긴답니다. 트리파노소마는 수면병을 일으키는데, 수면병에 걸린 사람이나 가축은 마치 잠을 자듯이 서서히 죽어가지요. 아메리카의 나선구더기파리도 가축에게 큰 피해를 주는 악명 높은 해충이에요. 파리가 상처 주변이나 갓 태어난 새끼의 배꼽에 알을 낳으면, 나선구더기가 깨어나 살을 파고들어 먹고 산답니다. 구더기가 떼로 덤비면 처참한 상처를 입게 되며, 결국 나선구더기의 공격을 받은 가축은 세균 감염 등으로 목숨을 잃게 되지요.

★ **원생동물**
한 개의 세포로 이루어진 작은 동물을 뜻합니다.

앗, 메뚜기 떼다!

서양에서 메뚜기 떼는 재앙을 상징하는 존재로 자주 등장해요. 성서의 요한 계시록에 따르면 세상이 종말에 이르는 순간 메뚜기가 나타나 하늘을 뒤덮는다고 하지요. 난폭한 메뚜기 떼가 사람을 습격하는 장면은 공포 영화의 단골메뉴로 쓰인답니다.

북부아프리카와 서아시아 지역에서 사는 사막메뚜기는 평소에는 혼자서 생활하지만, 환경조건이 나빠지면 수천억 마리가 집단을 만들어요. 날개가 발달해서 하루에도 100~200km까지 이동할 수 있지요.

사막메뚜기 떼가 내려앉는 곳에는 아무것도 남지 않아요. 농작물을 닥치는 대로 먹어치우지요. 마우리타니아, 세네갈, 말리, 니제르 등 서부아프리카 지역은 최근에도 사막메뚜기로 인해 심각한 식량 위기를 겪었답니다.

중국도 옛날부터 메뚜기 피해를 많이 받았어요. 펄 벅*의 소설 〈대지〉에는 메뚜기 떼의 습격에 힘겨워하는 중국 농민들의 모습이 생생하게 그려져 있지요. 중국에서는 2세기 한(漢)나라 때부터 메뚜기를 잡는 농민들에게 포상을 해 주었고, 12세기 말 남송(南宋) 때에는 메뚜기를 잡아 죽이도록 법을 만들었지요. 19세기 초반 청나라 때에는 메뚜기 떼를 감시하는 예찰원을 따로 두기도 했답니다.

★ **펄 벅**
미국의 소설가로 1938년에 노벨 문학상을 받았습니다.

우리나라 역사책에도 황재[蝗災]*에 대한 기록이 꼼꼼하게 남아 있어요. 신라 남해왕 15년의 기록을 시작으로 삼국시대에는 37건, 고려시대에는 49건, 조선왕조실록에는 74건의 대규모 벌레 피해가 기록되어 있지요.

물론 메뚜기로 인한 피해도 만만치 않지만 우리나라 벼농사에 가장 위협적인 벌레는 벼멸구랍니다. 이름 자체가 중국 오나라를 멸망하게 했다는 '멸오'에서 유래한 것으로 보이는 무서운 해충이지요. 벼멸구는 한번 자리를 잡으면 멀리 떠나지 않고 근처에서 계속 번식하기 때문에 주변의 벼가 모두 말라 죽게 돼요.

벼멸구

최근 중국 남부지역에 벼멸구가 많이 늘어나서 걱정이랍니다. 아시아는 아프리카에 비하여 식량 사정이 좋은 편이지만, 생산량이 줄어 가격이 오르면 가난한 사람들이 큰 고통을 받게 되지요.

강토를 멸망시키는 벌레, 멸강나방도 그 피해가 대단하답니다. 애벌레가 닥치는 대로 농작물을 갉아먹지요. 아프리카의 라이베리아는 멸강나방으로 인해 국가비상사태를 선포하기도 했어요.

★ 황재
메뚜기를 비롯한 벌레로 인한 재앙을 뜻합니다.

우리나라에도 가끔 중국에서 멸강나방이 대규모로 날아오는데, 다행히 물이 있는 논에는 들어가지 못한 답니다. 그 대신 옥수수나 잔디밭에 큰 피해를 입히지요.

맛있는 벌레 이야기

벌레를 식량으로 이용할 수도 있어요. 메뚜기를 잡아서 하루 정도 망에 걸어 놓으면, 똥이 다 빠져 나가서 고소한 맛이 나지요. 다슬기나 우렁이는 찌개를 끓여 먹으면 좋답니다. 아메리카 건조지대에 사는 꿀단지개미는 손님들을 접대하는 고급 식품으로 쓰이고, 멕시코에서는 '구사노'라고 하는 나방 애벌레를 즐겨 먹지요. 우리나라에서도 누에나방 번데기를 삶아서 간식거리로 먹는답니다. 벌레는 빨리 잘 자라고 단백질 함량이 높기 때문에, 인류가 식량부족과 영양결핍 문제를 해결하는 데 큰 도움을 줄 수 있답니다.

채소에 구멍이 뚫렸어요

논밭이나 과수원은 벌레들에게 천국과 같은 곳이지요. 풍부한 먹이가 널려 있고, 자연 생태계에 비하면 천적도 별로 없어요.

밭에 배추를 심어 보면 벌레의 위력을 실감할 수 있답니다. 배추흰나비 애벌레나 메뚜기가 드문드문 잎을 뜯어먹는 것은 애교로 봐줄 수 있지요. 하지만 배추좀나방 애벌레가 달려들어 잎을 갉아먹기 시작하면 큰일이랍니다. 손가락에 잡히지도 않을 만큼 크기가 작기 때문에 일일이 잡아낼 수도 없는데, 그냥 바라보고 있으면 어느새 앙상한 잎맥만 남게 되지요.

배추벼룩잎벌레는 어릴 때 땅속에 살면서 뿌리에 피해를 주다가, 성충이 되면 딱딱한 딱지날개를 뒤집어쓰고 얄밉게 톡톡 뛰어다니지요. 배추 잎 여기저기에 수없이 작은 구멍을 뚫어 놓아 사람이 도저히 먹을 수 없게 만들어요.

어떤 잎에는 속이 비어 있는 긴 통로가 얼기설기 생긴답니다. 잎굴파리가 만들어 놓은 굴이에요. 잎굴파리 애벌레는 작은 구더기처럼 생겼는데, 굴을 만들어가며 잎살을 먹고 자라다가 번데기가 되어 땅으로 떨어지지요.

배추흰나비

배추흰나비 애벌레

배추벼룩잎벌레

잎굴파리

잎굴파리 애벌레

몰래 숨어서 피해를 주다니!

과일나무는 보통 몇 년씩 키워야 수확이 가능한데, 해충의 공격으로 순식간에 과수원을 망칠 수도 있어요. 포도밭에 주로 나타나는 유리나방과 포도호랑하늘소를 예로 들 수 있지요.

유리나방은 날렵한 몸매에 유리처럼 투명한 날개를 지닌 멋진 벌레예요. 포도호랑하늘소도 아름다운 호랑 무늬를 맘껏 뽐내지요. 하지만 애벌레 때 포도 줄기 속을 파고들어 나무를 쇠약하게 만드는 무서운 해충이에요. 매년 겨울마다 포도나무 껍질을 벗겨서 애벌레를 잡아야 그 피해를 줄일 수 있답니다.

포도나무 밑동에 자리 잡은 박쥐나방도 위험해요. 박쥐나방이 어른 엄지손가락만큼 큰 애벌레로 자라면서 나무가 말라 죽지요. 박쥐나방이 만든 구멍에 물을 가득 채우면 벌레가 입구 쪽으로 기어 나오는데, 그때 꼬챙이로 찔러 잡을 수 있어요. 하지만 몇 마리만 살아남아도 수많은 알을 낳기 때문에 맞서 싸우기가 쉽지 않답니다.

해충들의 공격을 잘 이겨낸 싱싱한 포도랍니다!

뿌리를 공격하는 벌레들도 막기가 힘들어요. 미숙한 거름을 쓴 채소밭에는 고자리파리가 꼬이는데 뿌리 근처에 알을 낳지요. 그러면 애벌레가 깨어나 갓 심은 채소 뿌리에 해를 끼쳐 제대로 자라지 못하게 한답니다. 도둑나방의 애벌레는 낮에는 채소밭 땅속에서 숨어 있다가, 밤이 되면 나타나서 뿌리 근처의 줄기를 끊어 먹는답니다.

몰래 과일이나 채소의 열매 속에서 숨어 사는 벌레들도 있어요. 과실파리가 열매 안에 알을 찔러 낳으면, 열매 속에서 구더기가 우글우글 자란답니다. 외국에서는 오렌지와 멜론을 비롯한 다양한 열매에 과실파리가 덤벼들지만, 다행히 아직까지 우리나라에서는 주로 호박에서만 피해가 나타나지요. 호박과실파리가 열매 안에서 자라면, 늙은 호박이 되는 동안 흐물흐물하게 변한답니다.

유리나방

포도호랑하늘소

박쥐나방

DDT가 노벨상을 받았어요

때로는 우리의 목숨을 위협하고, 때로는 우리 삶의 기반을 무너뜨리는 벌레들을 막기 위해 인간은 농약을 개발했어요. 사람들은 예전부터 비소나 수은을 포함한 물질이 벌레를 잘 죽인다는 것을 알고 있었지요. 하지만 이러한 물질은 구하기가 어렵고 독성이 너무 강해서 마음대로 사용할 수가 없었답니다.

그런데 2차 세계대전이 일어날 무렵 합성 물질인 DDT의 놀라운 능력이 발견되었어요. DDT는 살충 능

력이 뛰어났지만, 사람의 몸에 직접 뿌려도 될 만큼 포유동물에게는 독성이 낮았지요. 그리고 잘 분해가 되지 않아서 오랫동안 살충 효과를 유지할 수 있었답니다. 게다가 가루로 되어 있어서 보관하기 쉬웠고, 값이 싸서 대량으로 공급할 수 있었지요.

처음에는 모기나 이를 없애기 위해 사용하다가, 2차 세계대전이 끝나면서 농사를 지을 때도 DDT를 이용하기 시작했어요. DDT의 살충 능력을 밝힌 뮐러*는 노벨 생리·의학상을 받았답니다.

이후 편리하게 농약을 사용할 수 있는 다양한 방법이 개발되었어요. 농약이 빗물에 씻겨 내려가지 않도록 단단히 붙잡아 두는 처리도 할 수 있게 되었고, 농약을 연기나 미세 입자로 만들어서 구석구석 전달할 수 있게 되었지요. 뿌리나 잎을 통해 흡수한 농약을 식물 체내에 골고루 퍼지게 하는 방법도 개발되었답니다.

사람들은 골치 아픈 벌레 문제가 완전히 해결되었다고 믿었어요.
농약은 독성 물질이지만 사용법을 제대로 지키면 비교적 안전하답니다. 기준치 이상으로 농약성분이 남아 있는 농작물은 판매할 수가 없어요. 사람이 매일 평생동안 먹어도 전혀 이상이 없는

★ **뮐러**
스위스의 화학자입니다.

양의 100분의 1을 기준으로 삼고 있는데, 매우 엄격한 기준이지요.

그러니까 농약에 대해 지나치게 민감할 필요는 없답니다. 감기에 걸렸을 때 먹거나 주사로 맞는 약도 결국은 독성물질이며, 음식을 맛있게 보이게 하는 합성색소 또한 많이 섭취하면 위험하지요.

혹시 집에서 바퀴나 모기를 발견하면 어떻게 하시나요? 벽이나 바닥이 흠뻑 젖도록 바퀴약을 뿌려본 적은 없는지요. 아니면 숨이 막히도록 잔뜩 모기약을 뿌리지는 않는지요.

농산물에 혹시 남아 있을지도 모르는 농약 성분은 근심하면서도, 생활주변의 독성물질에는 무감각한 것이 우리의 모습이랍니다.

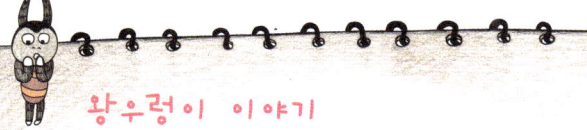

왕우렁이 이야기

왕우렁이는 식용으로 외국에서 들여온 벌레예요. 토종 우렁이는 새끼를 낳아 번식하지만, 왕우렁이는 커다란 분홍빛 알을 포도송이처럼 뭉쳐서 낳지요. 논흙 속에 있는 유기물을 걸러먹는 토종 우렁이와는 달리, 왕우렁이는 논에서 자라는 잡초를 뜯어 먹고 산답니다. 하지만 볏잎은 제대로 먹지 못하기 때문에, 훌륭한 천연 제초제 역할을 할 수 있지요. 다만 모내기 없이 볍씨를 직접 뿌려 재배하는 경우, 볏잎이 아직 연약할 때 왕우렁이가 달려들어 피해를 줄 수 있어서 주의가 필요하답니다.

농약은 위험한 물질이에요

1962년 레이첼 카슨*이 『침묵의 봄』이라는 책을 통해 농약의 문제점을 낱낱이 밝혔어요. 그러자 사람들은 큰 충격에 빠졌지요. 농약 사용을 엄격하게 관리해야 한다는 목소리가 높아졌고, 10년 만에 DDT 사용이 금지되었어요. 과연 무엇이 문제였을까요?

DDT가 일단 몸속에 들어오면 잘 빠져나가지 못하고, 그대로 쌓이게 돼요. 플랑크톤 속에 아주 적은 양의 DDT가 있다고 해도, 플랑크톤을 잡아먹은 작은 물고기, 작은 물고기를 잡아먹은 큰 물고기는 점점 더 많은 DDT를 몸속에 지니게 되지요. 그러다가 큰 물고기를 잡아먹은 새의 몸속에는 심각한 수준의 DDT가 쌓이고, 그런 새가 낳은 알은 껍질이 너무 얇아서 새끼가 부화하기 전에 깨져 버린답니다.

농약은 사람에게도 매우 위험한 물질이에요. 특히 농약을 직접 사용하는 농민의 생명과 건강을 심각하게 위협하지요. 실수로 농약을 먹거나 마시면, 아주 고통스럽게 목숨을 잃을 수도 있답니다. 전 세계에서 매년 300만 명 정도가 농

★ **레이첼 카슨**
미국의 생물학자입니다.

약에 중독되고, 그중에서 25만 명 이상이 목숨을 잃는 것으로 알려져 있어요.

농약이 농산물에 남아서 우리 식탁에 오르는 것도 문제랍니다. 기준치 이하의 농약이라도 식품에 남아 있는 것은 결코 바람직하지 않지요. 사람에 따라서는 특정 화학물질에 민감하게 반응할 수 있어요. 특히 아토피성 체질을 지닌 사람들은 큰 고통을 받을 수 있답니다. 게다가 하나의 화학 성분이 인체에 미치는 영향에 대한 연구 결과는 많지만, 수많은 화학물질을 한꺼번에 섭취했을 때 우리 몸속에서 어떤 일이 일어나는지는 잘 알지 못하지요.

살충제를 사용할수록 그 효과가 떨어지는 것도 문제예요. 아무리 살충제를 많이 쓰더라도 해충을 모두 다 죽일 수는 없지요. 원래부터 다른 벌레들보다 농약에 강한 유전자를 지닌 것들도 있고, 농약에 강한 돌연변이 유전자를 지닌 벌레가 새로 나타나기도 해요. 그러면 예전보다 더 많은 농약을 사용할 수밖에 없어요. 농약의 효과는 점점 떨어지고 부작용은 그만큼 심해지지요.

식물로부터 얻은 천연 살충제

합성 농약에 대한 환상이 깨지면서 좀 더 안전한 살충제를 개발해야 한다는 목소리가 높아졌지요. 그래서 천연물 살충제, 특히 식물에서 뽑아낸 물질에 대한 관심이 늘어났어요. 식품이나 한약재로 천연물 살충제를 만들기도 했어요.

살충제로 만들 수 있는 식물 중에서 가장 유명한 것은 제충국이에요. 이름 자체가 '벌레를 죽이는 국화'라는 뜻을 지니고 있지요. 제충국의 꽃에는 살충 효과가 뛰어난 피레트린이라는 성분이 많이 들어 있어요. 벌레는 피레트린을 너무 싫어해서 살짝만 뿌려 놓아도 근처에 오지 않는답니다.

동남아시아와 태평양에서 자라는 콩과 식물 데리스도 마찬가지에요. 데리스의 잎과 줄기, 뿌리에는 로테논이라는 살충 성분이 들어 있어요. 벌레에게 독성이 매우 높지만 사람이나 가축에게는 비교적 안전해서 식물성 살충제로 널리 이용되었지요.

하지만 로테논은 물고기에게는 치명적이에요. 뉴기니의 어떤 부족은 데리스 뿌리로 물고기를 잡는답니다. 데리스 뿌리를 짓이겨 물 속에 던지면 물고기가 죽어서 둥둥 떠오르지요.

인도멀구슬나무

인도에서는 해충 피해를 막기 위해 인도멀구슬나무를 이용해 왔어요. '님트리'라고 부르는 인도멀구슬나무에는 '아자디락틴'이라는 물질이 많이 들어 있지요. 해충을 직접 죽일 수는 없지만, 멀리 쫓아내는 효과가 뛰어나답니다.

하지만 천연 물질이라고 해서 반드시 사람에게 안전한 것은 아니에요. 예를 들어 담뱃잎으로 만든 살충제는 포유동물에 대한 독성이 매우 높아서

위험하답니다. 담뱃잎을 함부로 살충제로 잘못 이용하다가 건강을 잃을 수도 있어요.

페로몬과 호르몬

페로몬은 같은 종류의 벌레들이 서로 의사소통을 하기 위해 사용하는 물질이에요. 그래서 합성페로몬을 잘 이용하면 해충을 속여서 그 행동을 마음대로 조절할 수 있지요.

예를 들어 나뭇가지에 함정을 매달아 놓고 나방 암컷의 성 페로몬을 걸어 두면, 수컷이 날아와 함정에 갇히게 돼요. 그러면 해충의 발생 상황에 대한 정확한 정보를 얻을 수 있고, 가장 적절한 시기를 선택하여 농약 사용 횟수를 크게 줄일 수 있지요.

성페로몬을 이용하여 직접 해충을 없애는 방법도 있어요. 페로몬 함정을 많이 설치하여 수컷을 한꺼번에 잡아낼 수도 있고, 여기저기 페로몬을 두어서 진짜 암컷이 어디에 있는지 찾지 못하도록 방해할 수도 있답니다.

한편 곤충은 튼튼한 외골격을 지니고 있어요. 단단한 껍질이 부드러운 속살

을 감싸서 몸을 보호하지요. 하지만 껍질이 단단하면 불편한 점도 있답니다. 몸속에서 살이 불어나면, 그에 알맞은 크기의 껍질을 가질 수 있도록 가끔씩 허물벗기를 해야 돼요.

그런 허물벗기 과정을 방해하는 물질을 곤충생장조절제라고 한답니다. 곤충생장조절제를 이용하면 표피를 구성하는 키틴질의 합성을 막아 외골격 자체를 형성하지 못하게 할 수도 있고, 호르몬의 균형을 무너뜨려 애벌레가 기형으로 자라게 할 수도 있어요.

호르몬은 우리 몸속에서 각종 정보를 전달하는 물질을 말하는데, 호르몬의 균형이 잘 맞아야 건강하게 살 수 있어요. 벌레들도 마찬가지인데, 특히 곤충에게는 애벌레 상태를 유지하는 유약호르몬과 허물을 벗게 하는 탈피호르몬의 균형이 중요하답니다.

유약호르몬이 충분한 상태에서 탈피호르몬이 분비되면 허물을 벗어 더 큰 애벌레로 자라지만, 유약호르몬이 줄어든 상태에서 탈피호르몬이 분비되면 번데기나 성충으로 탈바꿈하지요. 이런 균형을 무너뜨리면 애벌레는 기형이 되어 정상적으로 자랄 수 없게 된답니다.

3장 우리와 함께 사는 벌레

지구를 지키려면
벌레들과 함께 사는 방법을 찾아야 합니다.

쥐불을 놓아 해충을 잡아요

쥐불놀이는 오래전부터 우리나라에 전해 내려오는 전통놀이에요. 새해 첫 보름달이 뜨는 날 자정 무렵이면, 동네 사람들이 한데 모여 쥐불놀이를 즐겼지요.

원래는 불을 붙인 쑥방망이로 논두렁을 태우는 놀이였는데, 밑바닥에 숭숭 구멍이 뚫린 빈 깡통을 이용하는 방법으로 변했어요. 볏짚을 채워 불을 붙인 다음 긴 철사로 만든 손잡이를 빙빙 돌리면, 환한 불꽃이 둥근 원을 그린답니다. 그때 깡통을 힘껏 던져 논에 불을 놓으면 되지요.

사람들은 붉게 번지는 불꽃을 바라보며, 한 해 농사가 잘 되기를 빌었어요.

논두렁을 태우면 그곳에서 겨울을 나던 해충이 죽기 때문에, 실제로 다음 농사 때 해충 피해를 줄일 수 있지요. 하지만 산불로 번지지 않도록 아주 조심해야 하며, 천적도 함께 줄어드는 것은 어쩔 수가 없답니다.

농사를 짓기 전에 깊이갈이를 해서 땅을 뒤엎어도 해충 피해를 줄일 수 있어요. 겨울을 나기 위해 땅속에 숨어 있던 벌레가 쟁기질을 하는 동안 바깥으로 드러나기 때문이지요. 요즘에는 경작 규모가 커지면서 대형 트랙터로 논밭을 가는데, 특히 해안 근처의 넓은 논을 갈 때면 트랙터를 따라 새 떼가 뒤따르는 장관이 펼쳐진답니다. 땅 위로 나온 벌레들을 잡아먹으려고 새들이 몰려드는 것이지요.

벌레들이 겨울을 나는 장소를 없애는 것만으로도 해충 피해를 크게 줄일 수 있답니다. 한때 '이화명나방'이라는 벌레가 벼농사에 많은 피해를 주었어요. 애벌레가 벼 줄기 속으로 파고 들어가 말라 죽게 하는 무서운 해충이지요. 피해를 입은 벼는 이삭이 나오더라도 하얗게 말라 죽어 버린답니다.

그런데 요즘에는 이화명나방이 많이 줄어들었어요. 예전에는 겨울내내 볏짚이나 그루터기를 논에 두어 이화명나방이 월동처를 찾는데 어려움이 없었지만, 최근에는 가축사료로 사용할 목적으로 볏짚을 깔끔하게 거두어 가지요. 추수가 끝난 논에 볏짚 더미를 돌돌 말아 하얀 비닐로 덮어 놓은 풍경이 더 이상 낯설지 않답니다.

이화명나방

그 많던 송충이는 어디로 사라졌을까요?

송충이는 우리나라의 숲을 많이 괴롭혀 왔어요. 송충이가 솔잎을 뜯어 먹는 모습을 어디서나 흔하게 볼 수 있었지요. 그 피해가 너무 커서 학교에서 송충이를 잡아오는 숙제를 내기도 했답니다.

그러나 지금은 송충이를 찾아보기 힘들어졌어요. 송충이가 어디에서 사는지 알아낸 다음, 일부러 찾아가야 겨우 볼 수 있지요. 그 많던 송충이들은 다 어디로 간 걸까요?

수십 년 전만 해도 우리나라에는 나무가 없는 민둥산이 많았어요. 하지만 사람들은 열심히 나무를 심었고, 빠른 속도로 울창한 숲이 생겨났답니다. 이제 숲은 수많은 생물들이 함께 살아가는 터전이 되었고, 더불어 송충이의 천적도 많아졌지요.

여러분이 흔히 송충이라고 알고 있는 벌레는 사실 '미국흰불나방'이랍니다. 솔잎을 먹고 사는 진짜 송충이와는 전혀 다른 벌레지요.

미국흰불나방

이 벌레는 플라타너스로 알려져 있는 버즘나무를 특히 좋아해요. 번데기가 될 때 한꺼번에 땅으로 내려오기 때문에, 버즘나무를 많이 심은 학교에서는 애벌레가 발 디딜 틈 없이 운동장을 메우곤 했답니다.

미국흰불나방은 원래부터 우리나라에 살던 벌레가 아니에요.

이름 그대로 미국에서 들어왔지요. 다른 나라에서 들어온 벌레들은 대부분 우리나라의 환경에 적응하지 못하고 사라진답니다. 하지만 한번 자리를 잡은 벌레는 천적이 생길 때까지 큰 피해를 주지요.

일본에서 건너온 솔잎혹파리는 100년 가까이 우리나라 남부와 중부지역의 소나무를 해치다가, 이제는 휴전선 이북지방으

이세리아깍지벌레

베달리아무당벌레

로 건너가서 말썽을 부리고 있어요. 역시 일본에서 들어온 흰개미 또한 목재로 된 각종 건물과 문화재를 위협하고 있지요. 그리고 최근에는 갑자기 꽃매미가 늘어나서 포도 과수원 등을 망치고 있답니다.

19세기 말 미국의 오렌지 과수원에서도 외국산 이세리아깍지벌레의 피해가 심각했어요. 오렌지 농사를 거의 포기할 뻔했지요. 그때 미국정부는 호주에서 이세리아깍지벌레의 천적인 베달리아무당벌레를 들여왔는데, 무당벌레는 불과 몇 년 만에 깍지벌레 문제를 완벽하게 해결해 주었답니다.

이 과정을 지켜본 많은 사람들은 천적을 통해 무너진 자연의 균형을 되살릴 수 있다고 믿게 되었지요.

흰개미 이야기

흰개미는 개미처럼 생겼지만 개미와는 전혀 다른 벌레예요. 개미는 구더기 모양의 애벌레가 번데기 과정을 거쳐야만 제 모습을 갖추지만, 흰개미는 어렸을 때나 다 자랐을 때나 비슷한 모습이랍니다. 그리고 개미는 여왕 중심의 계급 구조를 지닌 반면, 흰개미는 왕과 여왕 한 쌍이 거대한 집단을 다스리지요. 어떤 흰개미들은 흙을 쌓아 높은 집을 짓는데, 이런 흰개미 탑은 완벽한 냉방 환기 시스템을 갖추고 있어요. 아프리카의 짐바브웨에 있는 이스트게이트 쇼핑센터는 자연 냉방 건물로 유명한데, 이 건물은 마치 흰개미 탑처럼 건물 옥상에 통풍 구멍을 뚫어 놓았답니다. 더운 공기는 통풍 구멍으로 자연스럽게 빠져나가고, 지표면의 찬 공기가 흘러 들어 오도록 설계한 것이지요.

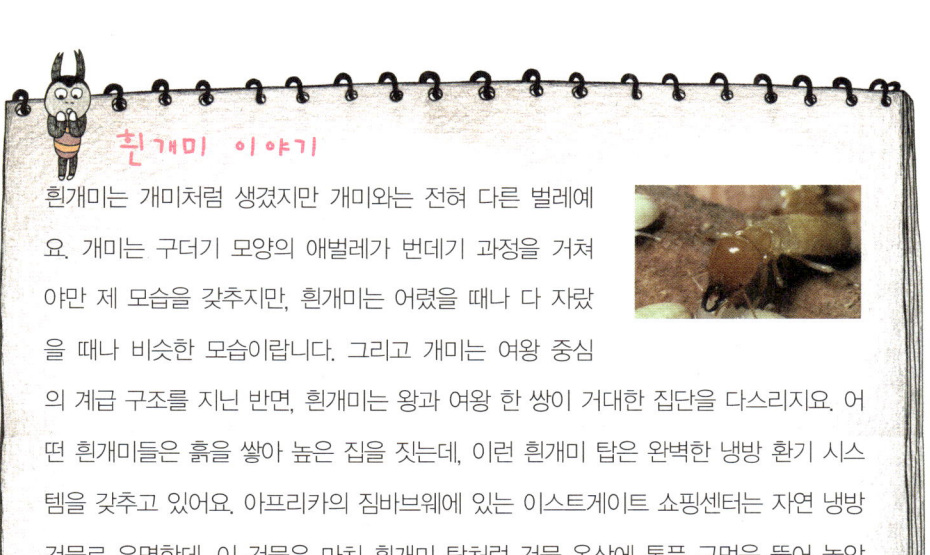

무당벌레는 진딧물을 먹고 살아요

봄철에는 무궁화나무가 수많은 진딧물에게 뒤덮여 있어요. 나무가 견딜 수 있을까 걱정스러울 정도이지요. 하지만 진딧물 때문에 나무가 죽는 경우는 없답니다. 어느새 수많은 천적들이 나타나서 진딧물을 먹어 치우지요.

무궁화나무를 좀 더 자세히 살펴보면 나뭇잎 구석구석을 분주하게 누비는 험상궂은 벌레를 많이 볼 수 있어요. 우툴두툴한 검은 피부에 붉은 반점이 돋아 있지요. 바로 무당벌레의 애벌레랍니다. 닥치는 대로 진딧물을 잡아먹기 때문에, 애벌레가 지나간 자리는 마치 진공청소기로 빨아들인 것처럼 깔끔하지요.

풀잠자리의 애벌레 또한 진딧물에게는 매우 무서운 천적이랍니다. 커다란 집게 모양의 주둥이를 진딧물 몸속에 찔러 넣은 다음, 집게를 마치 빨대처럼 이용하여 진딧물 몸속을 샅샅이 훑어서 빨아들이지요. 그러면 진딧물은 금세 빈 껍질만 남는답니다.

진딧물 천적 중에는 구더기 모양을 하고 있는 것도 있지요. 바로 '꽃등에'의 애벌레예요. 주둥이를 치켜들고 앞을 톡톡 치며 다니다가, 진딧물이 주둥이에 닿으면 잡아채듯

풀잠자리

물어서 입안으로 꿀꺽 삼켜 버리지요. 진딧물이 아무리 발버둥 쳐도 소용이 없답니다. 진딧물 주변에는 기생벌의 일종인 진디벌도 많이 날아다녀요. 진디벌이 진딧물을 조금씩 갉아 먹으며 자라지요. 모든 것을 다 빼앗긴 진딧물은 결국 껍질만 남아 단단하게 변하고, 며칠 뒤에 다 자란 진디벌이 껍질에 구멍을 뚫고 나온답니다. 그런데 진디벌에게 쏘이면 무척 아픈가 봐요. 진딧물이 깜짝 놀라 펄쩍 뛰는 행동을 보인답니다. 아무리 해충이라도 천적에게 잡아먹히는 진딧물은 불쌍하지요.

살아 있는 논에는 해충이 없어요

다른 생물 없이 논에 벼만 자란다면 농민이 모든 생산물을 가져갈 수 있겠지요. 실제로 식량이 부족하던 시절, 한 톨의 곡식이라도 더 얻기 위해 살충제나 제초제 등을 많이 뿌렸답니다.

그랬더니 논에 살던 생물들이 사라졌어요. 반딧불이, 거머리, 개구리, 미꾸라지 할 것 없이 모두 자취를 감추었지요. 철새들은 농약에 중독되어 비틀거리다가 논바닥에 주저앉곤 했답니다.

하지만 해충은 언제나 빠른 속도로 번식하며 호시탐탐 논을 노리고 있어요. 좋은 먹이가 널려 있고 마땅한 천적도 없으니, 기회만 오면 폭발적으로 늘어날 수 있지요. 그래서 해충을 막으려면 더 독한 농약을 더 많이 사용해야만 한답니다.

하지만 건강하게 살아 있는 논에는 해충이 없어요. 벼를 먹고 자라는 벌레가 있지만, 그런 벌레들 때문에 흉년이 되는 일은 드물지요. 먹고 먹히는 복잡한 먹이그물 속에서 다양한 벌레들이

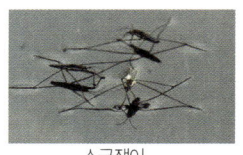
소금쟁이

늑대거미

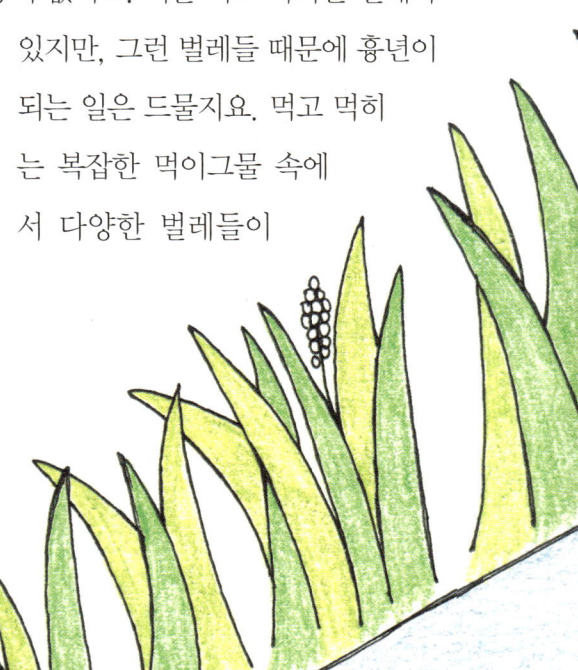

함께 어울려 살아가기 때문이에요.

　논으로 한걸음 더 가까이 발을 옮기면, 꼬리에 색동을 두른 늘씬한 실잠자리 떼를 볼 수 있어요. 벼 포기 사이를 바쁘게 오가며 작은 벌레를 잡아먹지요. 어쩌다 물에 떨어지는 벌레라도 있으면, 소금쟁이가 득달같이 달려들어 냉큼 먹어 치운답니다. 논에는 거미도 참 많은데, 특히 사냥감을 찾아 분주하게 돌아다니는 늑대거미를 흔하게 볼 수 있어요. 늑대거미는 꽁무니에 알집을 매달고 다니다가, 아기 거미들이 부화하면 업고 다니는 것으로 유명하지요.

　개미를 쏙 빼닮은 집게벌도 흔히 볼 수 있어요. 집게벌은 멸구 애벌레 몸속에 알을 낳아 번식해요. 때문에 멸구 등에는 마치 봇짐을 진 것처럼 도톰한 띠가 부풀어 오른답니다. 집게벌은 배가 고프면 알을 낳는 대신 멸구를 닥치는 대로 잡아먹는 특이한 천적이지요.

　멸구의 또다른 천적은 부채벌레예요. 부채벌레는 평생을 멸구 몸속에서 지내요. 때문에 멸구는 배에 동글고 커다란 공 모양의 돌기가 생기지요. 부채벌레 암컷은 날개는 물론 다리도 없이 평생을 멸구 몸속에서 지내지만, 수컷은 부채처럼 넓은 뒷날개를 이용해

집게벌　　　　　부채벌레

암컷을 찾아다니지요.

    멸구가 벼 줄기 속에 작은 알을 찔러 낳으면, 우리 눈에는 보이지도 않는 조그마한 총채벌이 용케 그 위치를 찾아내서 멸구 알 속에 자기 알을 낳는답니다. 그러면 며칠 뒤 벼 줄기 속에서 멸구 대신 총채벌이 깨어나지요.

벼멸구 이야기

벼멸구가 어디에서 어떻게 겨울을 보내는지 알아내기 위해 많은 연구가 이루어졌어요. 겨울철 논바닥을 샅샅이 훑어서 뒤져보기도 하고, 포충망을 하늘 높이 매달거나 바다에 배를 띄워 벼멸구를 불빛으로 유인해 보기도 했지요. 염색  을 한 벼멸구를 풀어 놓아 어디로 날아가는지 실험하기도 했답니다. 그 결과 벼멸구는 우리나라에서 겨울을 나지 못하는 것으로 밝혀졌어요. 매년 베트남에서 겨울을 지내고, 중국으로 옮겨가서 번식을 한 다음, 우리나라와 일본까지 날아온답니다. 먼 거리를 이동해야 하기 때문에, 제트기류 아래쪽에 발생하는 강력한 공기의 흐름을 이용하지요. 그런데 이런 멸구의 행동은 이해하기 힘들어요. 많은 멸구가 바다에 빠져가며 어렵게 우리나라를 찾아오지만, 다시 고향으로 되돌아갈 수 있는 방법이 마땅치 않기 때문이지요.

때론 사람이 해충을 만들지요

사과나무 해충 중에 점박이응애라는 벌레가 있어요. 주로 잎 뒷면에서 거미줄을 치고 살면서 엽록소를 빼먹는 작은 벌레예요.

점박이응애는 어쩌면 사람이 만든 해충이라고 할 수 있답니다. 농약으로 인해 생태계의 균형이 무너지기 전에는 좀처럼 문제를 일으키지 못하던 벌레였어요. 여러 종류의 천적들이 점박이응애를 즐겨 먹었기 때문이지요. 그런데 농약 사용으로 천적이 줄어들게 되자, 점박이응애의 수가 갑자기 늘어났어요. 점박이응애를 죽이려고 농약을 치면, 오히려 천적이 더 빨리 줄어들고 점박이응애는 더욱 기승을 부리는 악순환이 계속되었지요.

점박이응애는 봄철 사과나무 주변의 잡초에서 번식을 시작하는데, 점박이응애가 늘어나는 만큼 천적도 함께 늘어나게 되어 있어요. 점박이응애가 바람을 타고 사과나무에 오를 무렵이면, 꽤 많은 천적들 역시 사과나무로 모여든답니다. 응애가 나무를 해칠 정도로 늘어나지 못하는 이유이지요.

하지만 주변에 잡초가 충분하지 않으면 점박이응애는 곧바로 사과나무로 이동해서 피해가 커진답니다. 생태계를 깔끔하게 관리하는 것보다 잡초를 그대로 두어 복잡하게 하는 것이 바람직한 셈이지요.

작물을 돌려 짓는 것도 생태계를 복잡하게 만들어 해충 피해를 줄이는 좋은 방법이에요. 같은 작물을 계속해서 재배하면 그 환경에 적합한 해충이 늘어나게 되지만, 전혀 다른 작물을 돌려 지어 다른 환경을 제공하면 특정한 해충이 늘어나는 것을 막을 수 있어요. 스스로 멀리 이동할 수 없는 벌레들에게 특히 효과적이랍니다.

점박이응애

공장에서 생산되는 천적도 있답니다

점박이응애는 과수원뿐만 아니라 온실 안에서도 많이 발생하여 큰 피해를 주어요. 특히 껍질 채로 먹는 과채류*에 발생하면 농약을 뿌리기도 곤란하지요. 이때 천적인 칠레이리응애를 풀어 놓으면 점박이응애가 감쪽같이 사라진답니다.

칠레이리응애는 마치 농약을 사용하는 것처럼 효과가 빠른데, 그 비밀은 폭발적인 번식 능력에 있어요. 온도만 알맞으면 하루에 5~6개씩 알을 낳는데, 하루에 낳은 알을 모으면 자신의 몸집보다 훨씬 크지요. 그리고 칠레이리응애의 알은 불과 3~4일이면 모두 어른벌레로 자란답니다.

칠레이리응애

보름 정도면 온실 내의 모든 점박이응애는 자취를 감추고 칠레이리응애만 남게 되는데, 굶주린 칠레이리응애는 서로 잡아먹다가 결국에는 모두 사라져 아무것도 남지 않게 되지요. 이처럼 강력한 효과 덕분에, 칠레이리응애는 1960년대 말부터 유럽에서 상업적으로 생산되기 시작해서 지금도 여전히 인기를 누리고 있어요.

천적을 대량으로 생산하려면, 먼저 해충을 충분히 잘 키워야 해요. 천적에게 오염되지 않도록 안전하게 해충을 키워내는 것이 핵심 기술이지요. 천적 회사에선 점박이응애를 키우는 사람과 칠레이리응애를 다루는 사람을 철저하게 격리하는데, 심지어 식사시간도 달리한답니다. 그러면 과연 누가 먼저 식사를 해야 하는 걸까요?

★ 과채류
과일처럼 생긴 열매를 맺는 채소를 뜻합니다. 딸기, 토마토, 오이, 가지, 수박, 참외 등이 있습니다.

천적만 일일이 골라내서 포장하는 것도 엄두가 나지 않는 일이지요. 다행히 그물이나 실을 타고 위로 기어오르는 칠레이리응애의 습성을 이용하면 쉽게 한자리로 모을 수 있답니다.

천적농법은 친환경적으로 해충의 피해를 줄일 수 있는 좋은 방법이에요. 하지만 천적도 '자연과 에너지를 소모해서 생산하는 상품'이라는 것을 잊으면 안 된답니다. 농약 사용량을 줄이는 것만으로는 진정한 친환경농업이라고 할 수 없지요. 물질과 에너지의 투입 자체를 최소한 자제하려는 노력이 필요하답니다.

딸기밭에 왜 보리를 심을까요?

콜레마니진디벌은 칠레이리응애와 더불어 천적 산업을 이끌어 왔어요. 온실에 발생한 진딧물을 잡는데 탁월한 능력을 지니고 있지요. 마지막 남은 진딧물 한 마리도 끝까지 찾아내 공격하는 끈질긴 천적이랍니다.

하지만 진디벌은 번식이 느린 것이 흠이에요. 수많은 진딧물이 한꺼번에 밀려들면, 진디벌 몇백 마리로는 어쩔 수가 없답니다. 진디벌을 잔뜩 풀어놓고 기다리면 되겠지만, 그만큼 비용이 많이 들고 시간도 꽤 오래 걸리지요. 이런 문제를 해결하기 위해 개발된 방법이 천적유지식물을 활용하는 것이랍니다.

진딧물들은 종류마다 제각기 좋아하는 식물이 정해져 있어요. 보리를 좋아하는 진딧물은 보리만 먹고, 채소를 좋아하는 진딧물은 채소만 먹는답니다. 딸기밭에 보리를 심고 보리수염진딧물을 붙여 주면, 진딧물이 딸기는 거들떠보지 않고 보리에서만 자라지요. 그런 다음 콜레마니진디벌을 놓아 주면 보리수염진딧물을 이용하여 진디벌의 수를 충분히 늘릴 수 있답니다. 이제는 딸기 해충인 목화진딧물이 아무리 몰려들어도 걱정이 없지요.

천적유지식물을 활용하면, 소비자의 신뢰를 얻을 수 있어요. 농사일을 잘 모

르는 소비자가 천적의 효과를 직접 확인하기란 매우 어렵지만, 보리가 천적의 활동을 도와주는 것은 누구나 쉽게 이해할 수 있지요. 보리 주변에서 천적이 활동하는 것을 직접 눈으로 살펴보면, 무턱대고 농약을 뿌리지 않는다는 것을 믿을 수 있답니다.

게다가 천적유지식물은 천적의 투입량을 확실하게 줄여 주기 때문에, 비교가 되지 않을 만큼 저렴한 가격으로 오랫동안 우수한 효과를 누릴 수 있답니다. 농민들에게도 큰 도움이 되지요.

농약을 사용하지 않고 농사를 지으려면, 논, 밭, 과수원의 생태계를 제대로 알아야 해요. 생물들이 서로 어떤 관계를 맺으며 살아가는지 정확한 정보가 필요하지요. 그만큼 생태계에 대한 관심이 중요하답니다.

해충들아 안녕 잘가.

들꽃을 보살펴 해충을 막아요

아프리카 동부지역은 옥수수 줄기 속을 파고 들어가는 나방 애벌레의 피해가 매우 심각해요. 하지만 가난한 아프리카의 농민들은 값비싼 농약을 구입할 수가 없지요.

그래서 옥수수 밭 안팎으로 적당한 풀을 심어서 벌레 피해를 줄이는 기술을 사용하고 있어요. 해충을 끌어들이는 네이피어그라스와 수단그라스는 옥수수 밭 둘레에 심고, 해충이 싫어하는 몰라세스그라스와 데스모디움은 옥수수 밭 안쪽에 심지요. 제법 효과가 좋다고 하는데, 더욱 놀라운 것은 그렇게 심어놓은 풀 자체가 아프리카에서는 유용한 작물이어서 부수입을 올릴 수도 있답니다.

스위스에서는 들꽃을 보살펴서 천적을 보호하는 방법을 이용해요. 토종 식물의 종자를 그 지역 특성에 맞게 혼합해서 농경지 둘레에 뿌려 준답니다. 그러면 천적이 들꽃에서 꽃가루와 꿀을 얻어먹고, 겨울을 날 수 있는 장소와 은신처도 얻을 수 있지요. 사라져 가는 토종 식물을 보호할 수 있는 좋은 방법이며, 들꽃으로 아름다운 농촌 경관을 꾸며 관광자원으로 활용할 수도 있답니다. 자연 속에서 우리와 함께 살아가는 생물들, 심지어 벌레들까지 배려하며 농사법을 찾는 것은 정말 귀찮고 힘든 일이랍니다. 하지만 우리 농촌이 좀 더 아름다워지고, 우리 가족과 이웃, 후손들이 생명의 축복이 가득한 땅에서 건강하게 살아갈 수 있다면, 그만한 가치가 충분하지 않을까요?

노린재 이야기

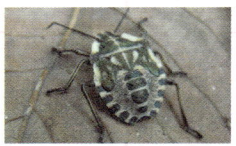

노린재는 손으로 잡았을 때 고약한 냄새를 풍기는 벌레인데, 콩밭에 가면 쉽게 찾을 수 있어요. 콩밭에 노린재가 너무 많으면 오히려 콩잎이 무성하게 잘 자란답니다. 그래서 초보 농민은 풍성한 수확을 기대하지요. 하지만 노린재가 어린 콩알을 다 빨아 먹어서, 빈 콩꼬투리만 남으면 아무것도 수확할 것이 없어요. 콩잎만 무성하게 잘 자랐던 것도, 콩알로 이동해야 할 양분이 그대로 있었기 때문이랍니다.

투구새우 이야기

한때 투구새우는 해충으로 여겨졌어요. 어린 벼의 뿌리를 갉아 먹기 때문이지요. 특히 모내기를 하지 않고 볍씨를 논에 직접 뿌리는 곳에서는 제법 피해가 크답니다. 하지만 지금은 환경부에서 긴꼬리투구새우를 보호종으로 지정했어요. 이제는 긴꼬리투구새우가 친환경농업을 상징하는 벌레가 되었지요. 고생대 생물인 투구게를 닮은 독특한 생김새 덕분에 좋은 관광 상품이 될지도 모른답니다.

왕나비 이야기

왕나비 애벌레는 '박주가리' 라는 독초를 먹고 살아요. 박주가리는 들에서 흔하게 볼 수 있는 덩굴성 식물이지요. 줄기나 잎을 잘랐을 때 하얀 액체가 흘러나오는데, 그 안에 독이 들어 있답니다. 벌레가 뜯어먹지 못하도록 자신을 방어하는 것이지요. 그런데 왕나비는 오히려 박주가리를 먹고, 그 독을 몸속에 간직해 두어요. 왕나비 애벌레를 잡아먹은 새는 심한 통증을 느끼게 되고, 다시는 애벌레를 잡아먹지 않는답니다. 왕나비는 먼 거리를 이동하는 것으로도 유명해요. 제주도에서 겨울을 난 다음 바다를 건너 중부지방까지 날아가지요. 왕나비의 일종인 모나크나비는 한술 더 떠서 멕시코에서 겨울을 나고, 미국과 캐나다까지 날아간답니다.

점박이응애 이야기

응애는 아주 작은 거미 종류인데, 보통 거미와 달리 식물체를 먹고 사는 것이 많아요. 점박이응애는 거미줄을 뿜어 엉성한 집을 만들고 그 아래에서 숨어 살지요. 그러다가 먹을 것이 없어지면 한곳에 모여 커다란 덩어리를 이룬답니다. 그러면 바람에 휩쓸려 멀리까지 날아갈 수 있어요. 이런 현상을 유사비행이라고 하는데, 거미류에게서는 흔히 볼 수 있는 행동이지요.

무당벌레 이야기

무당벌레는 대표적인 진딧물의 천적이지만, 아직까지 대량생산이 어려워요. 식성이 너무 좋아서, 진딧물을 먹이로 공급하기가 쉽지 않기 때문이지요. 그래서 무당벌레를 많이 키우려면 값싼 인공먹이를 만들어야 해요. 게다가 무당벌레 애벌레는 몹시 사납기 때문에, 한 마리씩 따로 키우지 않으면 서로 잡아먹는답니다. 다 자란 무당벌레가 온실을 좋아하지 않고 바깥으로 빠져나가는 것도 문제예요. 애벌레를 작물 위에 직접 올려 주면 큰 효과를 볼 수 있지만, 바쁜 농사철에는 꽤 번거로운 일이지요. 그래서 지금도 많은 과학자들이 무당벌레를 손쉽게 생산해서 편리하게 이용할 수 있도록 연구를 거듭하고 있답니다.

진딧물 이야기

진딧물은 봄부터 가을까지 짝짓기도 하지 않고, 알 대신 바로 새끼를 낳으면서 빠르게 번식을 해요. 일주일이면 다 자라서 다시 새끼를 낳지요. 그렇게 빠르게 번식하려면 단백질을 충분히 섭취해야 하는데, 진딧물의 먹이가 되는 식물의 수액에는 단백질 대신 수분과 당분이 많아서 곤란하답니다. 그래서 진딧물은 쓸모없는 수분과 당분을 모아 감로라는 달콤한 물질을 만들어 배설하지요. 개미는 그런 감로를 받아먹으며, 진딧물을 보호해 준답니다.

찾아보기

ㄱ

거저리 12
고자리파리 43
과실파리 43
관벌레 13
구사노 39
꼽등이 12
꽃등에 62
꽃매미 60
꿀단지개미 39
꿀벌 25, 28

ㄴ

나선구더기파리 35
날도래 19

네이피어그라스 74
노린재 76
누에 29
누에나방 29

ㄷ

늑대거미 66
데리스 50
데스모디움 74
도둑나방 43
동애등에 20
똥풍뎅이 20

ㄹ

로테논 50

ㅁ

머리뿔가위벌 26

메뚜기 36

멸강나방 38

모기 34

목화진딧물 72

몰라세스그라스 74

무당벌레 62, 77

무화과좀벌 26

미국흰불나방 58

ㅂ

박각시나방 23

박쥐나방 42

배추벼룩잎벌레 40

배추좀나방 40

배추흰나비 40

버즘나무 58

베달리아무당벌레 60

벼멸구 38, 67

보리수염진딧물 72

부채벌레 66

ㅅ

사막메뚜기 36

소금쟁이 66

소똥구리 20

솔잎혹파리 60

송충이 58

수단그라스 74

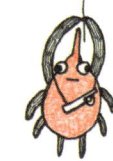

실잠자리 66

ㅇ

어리호박벌 23
열원충 34
왕나비 76
왕우렁이 47
유리나방 42
유약호르몬 53
이 32
이세리아깍지벌레 60
이화명나방 57
인도멀구슬나무 50
잎굴파리 40

ㅈ

점박이응애 68, 77
제충국 50
쥐벼룩 32
쥐불놀이 56
지렁이 16
진디벌 62, 72
진딧물 62, 72, 77
집게벌 66

ㅊ

체체파리 34
총채벌 67
칠레이리응애 70

ㅋ

콜레마니아진디벌 72

크릴새우 13

ㅌ

탈피호르몬 53

톡토기 16

투구새우 76

ㅍ

포도호랑하늘소 42

풀잠자리 62

플라나리아 12

ㅎ

하늘소 18

하루살이 12

호랑나비 27

호박과실파리 43

흰개미 60, 61